Werner Thiede

Überm Chaos
heiliger Glanz

Werner Thiede

Überm Chaos heiliger Glanz

Glaubensgedichte

Freimund-Verlag

Bibliografische Information der Deutschen Nationalbibliothek
Die Deutsche Nationalbibliothek verzeichnet diese Publikation in der Deutschen Nationalbibliografie; detaillierte bibliografische Daten sind im Internet über http://dnb.d-nb.de abrufbar.

Werner Thiede

Überm Chaos heiliger Glanz
Glaubensgedichte

ISBN 978 3 946083 25 2

Gesellschaft für Innere und Äußere Mission im Sinne der luth. Kirche e. V.

© Freimund-Verlag, Neuendettelsau 2018
www. freimund-verlag.de

Das Werk einschließlich aller seiner Teile ist urheberrechtlich geschützt. Jede Verwertung außerhalb der engen Grenzen des Urheberrechts ist ohne schriftliche Zustimmung des Verlags unzulässig und strafbar. Das gilt insbesondere für Vervielfältigungen, Übersetzungen, Mikroverfilmung und die Einspeicherung und Verarbeitung in digitalen Systemen.

© Fotorechte beim Verfasser
Layout und Design: Silvia Bachl
Gesamtherstellung: Freimund-Verlag, 2018
Coverbild: Freie Datenbank www.pixelio.de

Inhalt

Geleitwort	9
Vorwort	11

Suchen

Gedicht	14
Würze	15
Vermisst	16
Nachricht	17
Stolz	18
Bitternis	19
Zeit	20
Trostwort	21
Verstand	22
Zweifel	23
Rätsel	24
Lügen	25
Gefangen	26
Sehnsucht	27
Ängstlich	28
Narren	29
Mensch	30
Sinn	31
Sünde	32
Welt	33
All	34
Sprengkraft	35

Glauben

Stille	38
Ruf	39
Segensdank	40
Gnade	41
Weihnacht	42
Stern	43
Heimat	44
Durst	45
Reich	46
Chance	47
Morgengruß	48
Tischgebet	49
Feierabend	50
Nachts	52
Geduld	53
Konzentration	54
Entäußerung	56
Scherben	57
Offenbarung	58
Antwort	60
Gottesgeist	61

Lieben

Logos	64
Liebe	65
Freude	66
Gottesdienst	67
Einstellungssache	68
Weltfremd	69
Ehe	70

Geburtstagsgedanken	71
Geistheilung	72
Rückruf	73
Besser	74
Gebet	75
Bedrängnis	76
Stürme	77
Gewissheit	78
Führung	79
Herz	80
Vergangenheit	81
Gegenwart	82

Hoffen

Zukunft	84
Wohlbehalten	85
Klopfgeräusche	86
Leben	88
Tränensaat	89
Wichtig	90
Horizontüberschreitung	91
Herr	92
Ja	93
Geborgenheit	94
Weltaufgang	95
Wann	96
Ausblick	98
Aufatmen	99
Hoffnung	100
Himmelwärts	102
Gericht	104
Ende	105

Geleitwort
von Oberkirchenrat Helmut Völkel

Die 80 Gedichte dieses Büchleins rufen und ermutigen zum Glauben. Sie führen in vier Teilen von Gedanken des Suchens über solche des Vertrauens und Liebens zu abschließenden Texten ums christliche Hoffen. Meditative, philosophische und theologische Gehalte durchdringen einander kunstreich in vielerlei Varianten.
Etliche Sach- und Fachbücher hat der Pfarrer und Theologieprofessor Werner Thiede bisher geschrieben bzw. herausgegeben. Weniger bekannt ist, dass er immer wieder auch poetisch tätig geworden ist. Gedichte von ihm fand ich bereits im „Christlichen Jahrbuch", als ich noch Regionalbischof im Kirchenkreis Ansbach-Würzburg war und er Chefredakteur des „Evangelischen Sonntagsblatts aus Bayern". Doch schon als Student und Vikar war er mit der Veröffentlichung von Gedichten und Liedern hervorgetreten. Ich begrüße es, dass er sich nun entschlossen hat, gegen Ende seiner beruflichen Laufbahn die gesammelten Gedichte der Öffentlichkeit zu übergeben.
Wie ich meine, zeigen sie nicht nur inhaltlich, sondern auch formal den erfahrenen Texter und begabten Formulierer, der gekonnt mit Worten spielt. Es gehört zu den Kennzeichen dieser geistlich motivierten Poeme, dass sie gerade nicht von Mal zu Mal dasselbe Format und die gleiche Machart aufweisen. Vielmehr zeigt sich

in ihnen immer wieder kreativ eine andere Gestalt, ein neuer Rhythmus. Was sie alle eint, ist der ihnen zu Grunde liegende Glaube selbst, der hier bezeugt werden und im besten Sinne zu denken geben soll.

Christliche Gedichtbände gibt es heutzutage kaum mehr. Umso mehr gratuliere ich dem Autor zu diesem ganz besonderen Büchlein. Wissenschaftlichen Ehrgeiz beweist er hier nicht; dafür lässt er vielleicht mehr noch, zumindest auf andere Weise als in den Fach- und Sachbüchern sein Herz sprechen. Und so wünsche ich ihm, dass er auf diesem Wege auch noch eine andere Leserschaft erreicht als mit seinen bisherigen Werken. Denn das bewegt ihn spürbar: so oder so die bereichernde Botschaft weiterzutragen, die ihn selbst zuinnerst überzeugt, beflügelt, stärkt und leitet.

Gern gewährt die Evangelisch-Lutherische Kirche in Bayern für diese Publikation einen Druckkostenzuschuss.

München, Epiphanias 2018 *Helmut Völkel*

Vorwort

In den folgenden Gedichten
will ich – das ist klar – mitnichten
einfach nur mit Worten spielen,
sondern auch mit Worten zielen.
Um den Zielpunkt zu erreichen,
Leserherzen zu erweichen,
muss dein Herz hübsch stille halten
und muss Gottes Segen walten.

Werner Thiede

SUCHEN

Gedicht

Ein Gedicht
schenke Licht,
tue gut,
schaffe Mut,
mache frei,
froh anbei,
gebe Kraft,
weil es schafft,
darzutun:
Hier und nun
klingt ein Wort,
trägt dich fort
und zeigt Sinn.
Höre hin!

Würze

Wer viele Worte macht,
der hat oft gar nicht viel zu sagen.
Vielmehr gilt grade solche Rede als gewürzt,
die man gekürzt.
Drum fasse ich manch weise Sicht
mal gern statt in ein Buch
in ein Gedicht.
Um Lyrik handelt es sich dabei nicht,
vielmehr um Poesie, die spricht
von dem, was Glaube kann erfahren.
Drum: Kurz sei's hier und bündig!
Wer sucht und dennoch Zeit will sparen,
wird hoffentlich hier fündig …

vermisst

lässt mich doch das grün
das die erde ziert
dunkel mittel hell
kräftig schwach matt grell
vielfach nuanciert
das himmelgrün vermissen

lässt mich doch der klang
der das ohr erfüllt
gellend leise still
hallend weich dumpf schrill
flüsternd bis gebrüllt
den sphärenklang vermissen

lässt mich doch der sinn
den das dasein kennt
zweifelnd freudig stumm
grübelnd hoffend dumm
und sich antwort nennt
den letzten sinn vermissen

Nachricht

Nachricht, gute Nachricht,
die du an mein Ohr heut dringst,
strahlend lichte Botschaft
von der Liebe, Liebe Gottes,
ach, verweile, süßer Klang,
bleib, verweil in meinem Ohr!
Ja, gern möcht ich, wie du möchtest,
dich viel tiefer dringen lassen
in die Tiefe meines Herzens!
Doch da drunten, weißt du, ist es finster,
und es würde dir in meinem Dunkel
sicherlich nicht recht gefallen.
Drum verweile, sanfte Stimme,
noch in meinem Ohr ein Weilchen,
vielleicht drei Minuten,
bis zu den Nachrichten …

Stolz

Eitler Stolz
ist wie ein Stück Holz
aufstrebende Härte
doch von geringem Werte
zerbrechlich entzündbar
Er endet gern in Spott

Demut ist
dagegen immer gut
denn sie allein
besteht vor Gott

Und doch will Gott nicht Knechte
sieht in uns nicht das Schlechte
er nimmt uns an als Sünder
liebt uns als seine Kinder
Wer das im Geist erkennt
ist stolz auf Gott

Bitternis

Auch du weißt schon lange
wie bitter das Leben
mitunter dir mitspielt
wie schmerzlich und düster
manch Zeiten die Herzen
die Seelen beschweren
wie Ärger und Plage
verderben die Tage

Doch das gibt dem Leben in seiner Kürze
bei allem Verdruss eine bittere Würze
und du ahnst oder glaubst ja weißt
ganz tief in deinem gebeutelten Geist
Alle Bitternis dieser vergehenden Zeit
ist nichts im Verhältnis zur künftigen Herrlichkeit

Deren Süße ragt sanft schon ins Bittere hinein
und lässt deine Melancholie erträglich sein

Zeit

Die Zeit verrinnt

Leis und geschwind

Die Zeit vergeht

Wie Sand verweht

Die Zeit verstreicht

Schon knapp vielleicht

Die Zeit läuft ab

Dann folgt das Grab

Die Zeit ist um

Gott bleibt nicht stumm

Trostwort

Wie die Tage sich beeilen,
wie sie rasch vorüber rauschen!
Schau, wie Wochen sich verkeilen,
wie sich Monate vertauschen!
Jahre sammeln sich im Becken
turbulent vergangner Zeiten…
Doch in alledem verstecken
sich die kleinen Ewigkeiten:
die Momente schlimmen Schmerzens
neben denen freien Schenkens,
Augenblicke frohen Herzens
und voll seligen Gedenkens –
lauter Tief- und Höhepunkte.
In ein Leben ohne Klarheit,
ohne Halt und Wissen funkte
Ahnen einer letzten Wahrheit.
Alles drängt, weil alle Erden
und der Himmel über ihnen
einst ja doch vergehen werden –
dazu, einem Ziel zu dienen:
Aussaat sein im Gang der Zeiten,
um die neuen Dimensionen
jenes Raumes zu bereiten,
in dem einst Erlöste wohnen.

Verstand

Auf Glaubensbasis nachzudenken,

Ist gut: Da kann Gott reichlich schenken.

Doch der rein Intellektuelle

Verkennt die wahre Lebensquelle:

Auf seine eigenen Prämissen

Baut er sein autonomes Wissen,

Und daran hängt er sich verbissen.

Wie einst der Fuchs die hohen Trauben

Schmäht er den tiefen Gottesglauben.

Zweifel

Sei skeptisch gegenüber zu viel Skepsis
denn wer die dauernd pflegt kann nicht gewinnen

Und hege Zweifel an endlosen Zweifeln
Gewissheit bringen sie am Ende schwerlich

Sei vorsichtig mit lauter Vorsicht
sonst bleibst von Angst du stets gefangen

Misstraue übertriebenem Misstrauen
nur auf Vertrauen kann Beziehung bauen

Lass mutig dir den Glauben schenken
und dich vom Unsichtbaren lenken

Hör auf dein Herz – es ahnt die Wahrheit
und führt durch Weitblick dich zur Klarheit

Rätsel

So vieles ist mir klar geworden
so vieles rätselhaft geblieben
wie vieles habe ich studieren
und wissenschaftlich lehren dürfen
doch wie viel blieb an Fragen offen

Warum ist manches Glück zerbrochen
wieso hat mancher Mensch gelogen
wozu ist manches Böse mächtig
was soll manch Ungerechtigkeit bedeuten
wer strukturiert Sinnlosigkeiten

Und dennoch gibt es nicht nur Rätsel
im Nebel leuchten manche Lichter
ich ahne und erkenne Tiefes
dies nicht aus mir und eigner Vollmacht
Geschenk ist's Wahrheit zu erfahren

Was trägt wenn einst mein Leben schwindet
was hält wenn alle Mauern brechen
wie dankbar bin ich für Gewissheit
noch jenseits relativer Rätsel
das Flüstern absoluter Liebe

Lügen

Die Lüge schaut um jede Ecke
Sie sucht sich sehr geschickt Verstecke
Und hat sie auch nur kurze Beine
Läuft sie doch gern an langer Leine
Wer hätte nicht schon selbst gelogen
Die Wahrheit schnell und sanft verbogen
Der Täuschung eine Chance gegeben
Und so versucht geschickt zu leben

Zu lügen sei das ganz Normale
So hört man – das ist das Fatale
Tatsächlich aber hat manch Lügen
Und an sich trauriges Betrügen
Doch überraschend Positives
Hervorgebracht und somit Schiefes
Zurechtgerückt statt es zu mehren

Um hier die Wahrheit gern zu ehren
Es wäre mancher nicht geboren
Wenn nicht die Mutter falsch geschworen
Und ihrem Mann im Ehebette
Zutreffendes verschwiegen hätte

Man kann auch lügen um zu schützen
Und einem anderen zu nützen
Insofern gilt – im Weltgetriebe
Ist oberstes Gebot die Liebe
Viel lügen folglich höchstens Flegel
Die Wahrheit sagen bleibt die Regel

Gefangen

Mensch ärgerst du dich
Christenmensch sorgst du dich
Grämst du dich schwarz
Steckst du gefangen in Kummer
Angst und lauter Selbstmitleid

Dann frage dich
Frage deinen guten Herrn
Der verborgen in dir wohnt
Ob er bei allem Verstehen
In dir sich ärgert sorgt und grämt

Wenn ja dann ist all deine Pein
Nicht deine Sache nur allein
Der Höchste fühlt sich in dich ein
Er lässt dein Unglück seines sein
Und macht die Seelenlast dir klein

Wenn nein nimm seine liebe Hand
Und tritt hinaus in freies Land
Tank auf erhebe froh dein Haupt
Denn Seligkeit ist dem erlaubt
Der tapfer hofft und dankbar glaubt

Sehnsucht

Wenn du dich sehnst, so stark, so sehr,
dann spürst du dich; doch spürst du auch,
wer oder was in dir sich sehnt?
Wie leicht kann Sehnsucht Irrtum sein!

Bedenke: Worauf kommt es an?
Was hat verdient, dass du's ersehnst?
Fühlst du aus Bauch, Herz oder Kopf?
Bestimmt das Fleisch dich oder Geist?

Und wenn schon Geist: Bist du es selbst,
der dich regiert? Ist tief in dir
ein andrer es, der sich verzehrt
in stiller Sehnsucht? Ist es Gott?

Ängstlich

Ich leb und ich weiß auch für wen
ich sterb und ich weiß doch wohin
ich glaub und ich weiß ja an wen
mich wundert dass ich so ängstlich bin

Ich schaff und ich weiß auch für wen
ich pilgere und ich weiß wohin
ich hoff und ich weiß ja auf wen
mich wundert dass ich so traurig bin

Ich streb und ich weiß auch zu wem
ich schau und ich weiß ja wohin
ich lieb und ich weiß gottlob wen
mich wundert dass ich nicht fröhlich bin

Ich hör und ich weiß auch auf wen
ich kämpf und ich weiß um den Sinn
ich leid und ich weiß ja warum
mich wundert dass ich nicht glücklich bin

Narren

die erde ist ein narrenstern
der kreist um eine kalte sonne
von wahrheit und barmherzigkeit
hält er in seiner bahn sich fern

die welt ist wie ein narrenschiff
verrückt wer sich in sie verliebt
all die für die sie heimat ist
hat sie ganz meisterhaft im griff

das leben ist ein narrenhaus
die zimmer bunt und schief die treppen
wer hier nach orientierung sucht
der kennt sich schließlich nicht mehr aus

die hoffnung ist ein narrenspiel
doch weil ein narr am kreuz einst hing
der jenseits dieser welt geboren war
hat alles letztlich doch ein ziel

Mensch

Der Mensch ist ein Wesen
im Tierreich erlesen
geboren in Schmerzen
lernt lachen und scherzen
und eher noch weinen
auf eigenen Beinen
erbaut er sich Zelte
erkauft er sich Schelte
erfreut er sich prächtig
plagt andere mächtig
wird selber geschoben
kann lästern und loben
sich irren verzagen
die Unwahrheit sagen
darf lieben und schuften
als Blüte verduften
in Ängsten verharren
auch selber zum Narren
sich halten und denken
kaum aber sich lenken
er flirtet und plänkelt
er altert und kränkelt
ist sündhaft verderblich
und dennoch unsterblich

Sinn

Viele schöne, bunte Sachen
kannst du schaffen, basteln, machen,
kannst erfolgreich sein und glänzen
mit erheblichem Gewinn…
Aber eines Tages, vielleicht plötzlich,
ist alles hin.

Du kannst freien, dich verloben,
wieder trennen, dich austoben,
heiraten, Familie gründen,
zeigen: „Schaut nur, wer ich bin!"
Doch das alles ist verdammt zerbrechlich,
hat wenig Sinn.

Aller Reichtum an Erfahrung,
an Besitz, an Glück, an Nahrung
kann als Armut sich erweisen.
Wahrer Reichtum wird geschenkt.
Erst das Ziel wird offenbaren,
wie Gott lenkt.

Alles liegt an seinem Willen.
Seine Liebe nur kann stillen,
was die Herzen sich ersehnen.
Und im Tiefsten weißt auch du:
Er allein erfüllt dich wirklich,
gibt dir Ruh.

Sünde

die Sünde ist süß
denn würde sonst nicht
die Verlockung so oft zur Tat

die Sünde ist bitter
denn würde sonst nicht
das Gewissen so oft drücken

die Sünde mächtig
denn würde sonst nicht
die Menschheit so oft leiden

die Sünde ist verzeihbar
denn würde sonst nicht
der Eine einmal dafür gestorben sein

die Sünde ist besiegbar
denn würde sonst nicht
das neue Leben so oft sprießen

welt

grau
die vielen herrlichkeiten dieser bunten welt
leer
die aufgetürmte fülle satter sinnfragmente
dumpf
die klänge freier Rede strahlendster musik
trist
die liebe zarter oder heißer glücksversprechen
im vergleich
mit der kommenden welt
vollendeter ewigkeit
und doch
schon so vieles
geschaffene verheißung

All

Milliarden Galaxien
o Gott warum
wozu hast du
all das um uns herum gemacht

All diese Energien
sind Spiegel nur
für deine Macht
für deine Herrlichkeit und Pracht

Du bist unendlich groß
und warst ganz klein
in deinem Sohn
hast an uns Menschen stets gedacht

Milliarden Zellen sind
in jedem Kopf
und all ihr Spiel
hast du Gott auf den Weg gebracht

Dein Geist trägt alle Welt
und zieht sie sanft
zum großen Ziel
wo ewig deine Liebe lacht

Sprengkraft

Ein einziges Wort
kann Wunder wirken
ein einziger Blick
Herztüren sprengen

Eine ausgestreckte Hand
kann Mauern zertrümmern
schon ein bloßes Nicken
endlich Frieden schaffen

Eine einzige Tat
kann Leben verändern
und ein stilles Gebet
den Himmel erweichen

Eine plötzliche Einsicht
kann Menschen verwandeln
eine einzige Umarmung
zu Tränen erschüttern

Eine einzige Taufe
kann Ewigkeit schenken
ein einmaliges Ostern
die neue Welt eröffnen

GLAUBEN

Stille

komm
Stille
breite deine Flügel aus
und erhebe dich über
allen versinkenden Lärm

du reiner Raum
dankbaren Hörens
lass Grund reifen
für Wurzeln aus Samen
des hohen Wortes

du gute Zeit
des Schweigens
des Trinkens aus
mystisch blinkenden Gläsern
bring Licht in verstellte Bereiche

lebendige Ruhe
mitnichten Totenstille
Schwingungen des Ewigen
willkommen
Stille

Ruf

Er redet jetzt und spricht dich an,
Der alle Welt und dich erschuf.
Er will dein Ohr, ja will dein Herz!
Du bist gemeint, dir gilt sein Ruf!
So sehr, so sehr hat Gott dich lieb,
Dass er von dir geliebt sein will.
Drum halte, wenn er redet, still
Und laufe nicht im Zweifel fort;
Lass vielmehr Gottes gute Wort
Zuinnerst Wirkung an dir tun!
Dann wird alsbald sein Geist in dir
Und du in seinem Geiste ruh'n.
Bist du auch nicht bereit dafür –
das Leben klopft an deine Tür!

Segensdank

Danke, Herr, für deinen Segen!
Immer bist du für mich da,
stets ist dir an mir gelegen.
Auch im Dunkel bist du nah.

Herr, du stehst als guter Hirte
mir auf allen Wegen bei,
dass, auch wenn ich mich verirrte,
ich doch stets geborgen sei.

Dein Geist weiß um alle Dinge,
auch um jeden tiefen Schmerz.
Nichts geschieht, was dir entginge;
Alles kennt dein hohes Herz.

Lass von keinen Schicksalshieben
irritiert sein meinen Geist,
vielmehr allezeit dich lieben,
der du Ewigkeit verheißt.

Heilig ist dein starker Wille,
der die Schöpfung hält in Gang.
Herr, nach deines Tempels Stille
sehn' ich mich mein Leben lang.

Gnade

Begreif ich nicht Gott
Ahn ich doch seine Liebe
In der er mir mein Sein gewährt
Und schafft

Fühl ich die Wonne
Als Geschöpf den Schöpfer
Wissen und nennen zu dürfen
Und spür ich sanft
Seine gewaltige Kraft

Erniedrigt hat er
Im Menschensohn
Die trennenden
Blockaden über mir
hinweg gerafft

Und gnädig mich Freiheit
Erfahren lassen
Unermesslich
Wesenhaft

Weihnacht

Bethlehem, du siehst das größte
Wunder und den größten Held:
Gott kam, dass er uns erlöste,
als ein Mensch in diese Welt.

Engel deuten und verkünden:
Euch geboren ist der Sohn
aus dem Himmel, ohne Sünden,
stammend von des Vaters Thron.

Heilig ist die Nacht für alle,
in der Gott hat offenbart
sich als Kind in einem Stalle,
arm, erniedrigt, klein und zart.

Einst am Kreuzesgalgen enden
wird der Christus uns zugut.
Er will unser Denken wenden
weg von Gottes Zorn und Wut,

hin zu Gott als reiner Liebe!
Durch sein Leiden und sein Tun
ahnen wir im Weltgetriebe:
Alle Nacht ist heilig nun.

Stern

hoch erhoben
auf Kamelen
ziehen sie durchs Grau der Welt
voller Hoffnung
nicht zu fehlen
wenn das Licht ins Dunkel fällt
wenn in armen
grauen Seelen
Gott- und Menschsein sich vermählt
wenn der Nächte
Ewigkeiten
und was immer schmerzt und quält
sich zu hellen
Welten weiten
wenn der Stern am Himmel hält
tiefe Freude
zu bereiten
allen die dorthin bestellt
und bestimmt sind
den zu ehren
der den Weg zum Ziel erhellt

Heimat

Wer hier auf Erden Heimat sucht,
der hat sich in der Tür geirrt,
täuscht sich im Hafen, in der Bucht,
in der Adresse und im Wirt.

Wer Heimat in dem Wohnort hat,
in dem er einst geboren ist,
in jenem Dorf, in jener Stadt,
die er bestimmt niemals vergisst,

Der ist sich doch darüber klar,
dass er nicht immer bleiben kann
und alles stets vergänglich war –
schon immer, seit es je begann.

Wer umzog und ein neues Haus
sich baute oder auch durch Kauf
erwarb, muss schließlich doch hinaus
und an die Himmelstür hinauf.

Wohl dem, der seine Heimat kennt
und seinen Anker dorthin warf,
wo nichts verdirbt, verwest, verbrennt
und wo er immer bleiben darf!

Durst

Tief wie ein Brunnen
reicht die Sehnsucht des Herzens
in den Grund der Existenz
lechzend nach Wasser
das nie versiegt

Doch oftmals trocken
und sonst nur dürftig befeuchtet
bleibt der Schlund
kaum gestillt der Durst
bis da kommt der Messias

Der schlägt die Brücke
vom Himmel zum menschlichen Herzen
In ihm begegnet die Fülle
lebendigen Wassers
ewig neuer Quell

Reich

Die Welt ist bunt
und doch nur grau
im Gegensatz
zum Himmelreich.

Das Herz ist wund,
das Leben rau –
und birgt doch Platz
fürs Gottesreich!

Das Wort tut kund:
Zum Kreuz hin schau!
Dort blinkt dein Schatz.
Er macht dich reich.

Chance

Jeder neue Tag ist
eine neue Chance
für mehr Lieben
mehr Hören
auf Gott
auf Mitmenschen

Sie alle wollen geliebt sein
und selber lieben
jeden Tag neu

Schade um jede
vertane Chance
Carpe diem

Morgengruß

Sei gegrüßt, neuer Tag,
denn du bist ein Geschenk,
das ich gern nehmen mag,
dem Geber eingedenk.
Der Herr im Himmel schickt dich mir,
und er kennt dich genau.
Darum, mein Heute, trau ich dir,
weil ich dem Herrn vertrau.

Sei gegrüßt, meine Angst,
du bist mir täglich nah.
Weil du Sorgen verlangst,
sind immer welche da.
Mein Herr will, dass du dich verziehst,
und ich auf ihn nur schau.
Verschwinde, altes Jammerbiest,
weil ich auf Christus bau!

Sei gegrüßt, lieber Herr,
mein Gott, mein Licht, mein Sinn!
Du erfreust mich so sehr,
du ziehst mich zu dir hin!
Bei dir bin ich dem Himmel nah,
wenn auch die Welt noch tobt.
Du bist auf immer für mich da.
Stets seist du, Herr, gelobt!

Tischgebet

Danke, Herr, dass Du uns nährst
und Deine Gnade uns gewährst.
Der du trägst unsere Sündenlast,
sei segnend unter uns zu Gast!

Weil wir durch dich das Leben haben,
seist du gelobt für alle Gaben,
mit denen du an Leib und Seele
uns so bedenkst, dass uns nichts fehle.

Feierabend

Schon sinkt die Sonne,
hebt sich der Mond.
Hoch steigt die Wonne,
die in mir wohnt.

Komm, Herr, und sende
mir deinen Geist.
Du bringst zu Ende,
was du verheißt.

Schon leuchten Sterne
am Himmelszelt.
Du bist nicht ferne,
trägst still die Welt.

Schon Schluss mit Kaufen!
Frieden kehrt ein.
Nichts mehr muss laufen.
Rot blinkt der Wein.

Schon liegt im Dunkeln,
was tags geprangt.
Glitzern und Funkeln
hat abgedankt.

Schon ist vergessen,
was mich betraf.
Nichts soll mich stressen.
Gib guten Schlaf!

Nachts

Abendstimmung macht sich breit,
es beginnt zu dunkeln.
Doch in jeder Dunkelheit
werden tausend Sterne funkeln.

Mitten in der tiefsten Nacht
weben bunte Träume.
In der finstern Gartenpracht
wiegt ein sanfter Wind die Bäume.

Wenn der Lebensabend naht
und die Kräfte schwinden,
geht schon auf die neue Saat,
um zum hellen Licht zu finden.

Denn der Geist des Schöpfers weht
heimlich und verborgen.
Wenn der Tod zu Ende geht,
lacht des wahren Lebens Morgen.

Geduld

Geduld ist die Schwester der Sehnsucht,
die Tochter des Glaubens an Gott.
Auch ist sie die Form des Gehorsams.
Ihr Anfang und Ende heißt Tod:

Ihr Anfang heißt Tod für die Sünde,
begründet im Tode des Herrn.
Ihr Ende heißt Tod dieses Leibes;
dies Ende erwartet sie gern.

Denn riesig ist ihre Verheißung:
zu leben in ewigem Glück.
Drum lässt sie im Blicken auf Christus
das, was sie behindert, zurück.

Geduld schafft im Glauben Bewährung.
Sie kommt aus der Liebe zu Gott.
So wird sie zur Mutter der Liebe
zu Menschen in Sorge und Not.

Geduld wird zum Prüfstein der Hoffnung.
Wer hofft, der setzt trotz dieser Welt
und ihrer trostarmen Strukturen
auf Gott, dessen Zusage zählt.

Konzentration

Längst bevor der Jäger ausgeht
und sich seine Beute ausspäht,
längst bevor sie schmort im Topfe,
hat er deren Bild im Kopfe.
Schon beim Bauen seines Sitzes
im Geäst von hohen Bäumen
lebt das Zielbild eines Kitzes,
eines Rehs in seinen Träumen,
das zu jagen er sich aufmacht.
Wenn er aus den Träumen aufwacht,
scheut er trotz der Morgenfrühe
fest entschlossen keine Mühe,
klug, bedächtig und verwegen
seine Beute zu erlegen.
Hat er sie dann vor der Mündung
seiner Waffe, kommt's zur Zündung
erst nach langem, guten Zielen.
Und wenn ein, zwei Schüsse fielen,
dann nach bestem Fokussieren
und bedachtem Konzentrieren!

Dies gilt es zu übertragen
auf das innerliche Jagen
nach den hohen Glaubensfrüchten.
Frei von Irrtum, Trug und Süchten
wird nur, wer durch Konzentrieren
oder auch durch Meditieren
tiefster Wahrheit kann erreichen,
dass die Schattenbilder weichen.

Selig, wer den Anker findet,
der ihn an den Retter bindet!
Schau auf Christus, lass ihn sprechen!
Denn dann wird dir offenbar:
Der schon immer in dir war,
wird einst jeden Tod zerbrechen.

Entäußerung

Mein Blick sucht da drunten im Schwarz
Des Himmels den Menschensohn
Sein Ruf dringt vom Kreuz
Herauf an mein Ohr
Bei ihm will ich sein
Erniedrigt von meiner Herrlichkeit
Ihm nah wie mir ist das Rot
Seines liebenden Todes
Er zieht mich zu sich
Ihm folge ich hinab
Und wir schweben
In die Tiefe des Blau
Umstrahlt von lebendigem Licht

Scherben

Leben ist Sterben,
Glück muss verderben.
Du weckst aus Scherben
Die Ewigkeit.
Herr, lass mich spüren:
Du willst mich führen
Durch dunkle Türen
Zu dir ins Licht.

Nur Du alleine
Siehst, wenn ich weine.
Du bist der eine,
Der bei mir bleibt.
Herr, gib mir Ohren,
Dazu geboren,
Dazu erkoren:
Hören dein Wort.

Andere scherzen,
Ich spüre Schmerzen
Heimlich im Herzen –
Du nimmst mich wahr.
Herr, lass mich schmecken,
Freudig entdecken:
Du kannst erwecken
Durch Brot und Wein.

Öffnet der Drachen
Den Todesrachen,
Schenkst du mir Lachen.
Dein ist der Sieg!
Herr, gib mir Augen,
Die dazu taugen,
Das einzusaugen,
Was du erschließt.

Offenbarung

Die Wände predigen dir allenthalben
Es ist kein Gott es gibt Gott nicht
Schon der Natur kannst du entnehmen
Wie sinnvoll und doch trist das Leben ist

Von den Laternen tönt der Trauermarsch
Dass Hoffnung dauerhaft vergeblich sei
Der graue Himmel offenbart dir
Sicher sei der Tod nur und sonst nichts

Die Spatzen pfeifen's von den Dächern
Perfekt ist niemand, jeder Mensch wird schuldig
Und Fakten schicken täglich dir Beweise
Du bist Gefangener begrenzter Wirklichkeit

Das eine Wort inmitten ungezählter Worte

Es kommt von jenseits dieser Welt und sagt

Du bist unendlich und bedingungslos geliebt

Bist frei von Schuld vor Gott und bleibst sein Kind

Nichts will dies Wort als nur dein Ohr zunächst

Von dort aus bahnt es sich den Weg zum Herz

Und dann bekommt die kleine und die große Welt

In deinen Augen einen ungewohnten Glanz

Antwort

Die ganze Welt hat nachgedacht:
Wer hat sie nur so schlecht gemacht,
das Übel in sie eingebracht?

Warum gibt's Schmerzen neben Lust,
warum auch Seelenpein und Frust,
warum oft schmerzliches „Du musst"?

Was ist des Lebens tiefster Sinn?
Was soll der Tod, wo führt er hin?
Und was bringt bleibenden Gewinn?

Das Suchen ist so alt wie echt,
und alles Fragen hat sein Recht;
um Antwort steht es scheinbar schlecht.

Die Philosophen trösten nicht,
den Religionen fehlt das Licht.
Und wäre da nicht sein Gesicht,

es gäbe immer Nebel nur,
von Wahrheit nirgends eine Spur.
Wie gut, dass ich von ihm erfuhr!

Er klärt nicht alles gleich, doch viel
im großen Lebensrätselspiel.
Er gibt mir Antwort, Sinn und Ziel.

Gottesgeist

Geist über dem Chaosmeer
Der du das Nichts bezwingst
Totes zum Leben bringst
Danke dass du auch in mich dringst

Geist über stürmischer See
Der du den Zweifler hältst
Füße auf Wasser stellst
Danke dass du dich zu mir gesellst

Geist über stillen Wassern
Der du mir Frieden schenkst
Und mich gen Himmel lenkst
Danke dass du mich ewig umfängst

LIEBEN

Logos

Die Wirklichkeit der Welt

Geschaffen aus seinem Wort

Gediehen in seinem Licht

Erblüht durch seinen Atem

Befruchtet von seiner Liebe

Vergeht unter seinem Gericht

Und ihr Same geht ein

In sein Wort der Vollendung

Liebe

das glaube ich
er starb für mich
und nicht für sich

er trug nicht seine
schuld sondern meine
er hatte keine

er tat's in seiner liebe
aus seines vaters liebe
damit auch ich ihn liebe

Freude

Weil Christus meine Seele kennt
und mich trotz allem heilig nennt,
drum habe ich zur Freude Grund
und werde innerlich gesund.
Sogar mein Leib erneuert sich
durch Gottes Liebe äußerlich.

Das Traurige vertreibt sein Geist,
indem er Glück schenkt und verheißt.
Was niemand je mir nehmen kann:
Ich weiß, mich lächelt Christus an.
Das Schwere, das noch vor mir liegt,
hat er schon alles längst besiegt.

Gottesdienst

Willst du mit Singen, Hören, Beten
Vor Gott im Gottesdienst hintreten,
ihm bringen deines Herzens Gaben,
dich an den Predigtworten laben,
dein Scherflein für den Beutel geben
und schließlich auch den Chor erleben,
so wisse: Was du feierst hier,
ist alles Gottes Dienst an dir.

Einstellungssache

Wär ich von Kopf bis Fuß
auf Liebe eingestellt
ganz anders wär die Welt
statt fast gar nichts

Wär ich von Kopf bis Fuß
auf Hoffnung eingestellt
viel heller wär die Welt
trotz des Zwielichts

Wär ich von Kopf bis Fuß
auf Glauben eingestellt
Gott säh ich in der Welt
sonst fast gar nichts

Weltfremd

Wer Christus findet,
Sich ihm verbündet
Und ihn verkündet,
Den hasst die Welt.

Wer überwindet,
Für den verschwindet,
Was ihn noch bindet
An diese Welt.

Wer Gott empfindet,
Vom Geist entzündet,
Dessen Weg mündet
Neu in die Welt.

Ehe

Wenn zwei sich finden
und sich verbinden,
ein Paar zu werden,
die Zeit auf Erden
getreu zu wandern
mit einem Andern,
liegt nur dann Segen
auf ihren Wegen,
sofern die Liebe
besiegt die Triebe
des Egoismus
und des Narzissmus.

Dann ist die Mitte
im Bund der Dritte,
der gute Eine.
Tue das Deine:
Will Liebe leben,
so muss sie geben –
und will auch leiden,
statt sich zu scheiden.
Gott liebt die Treuen;
das darf sie freuen.

Geburtstagsgedanken

Geburtstag feiern – das macht Spaß!
Man feiert sich und auch die vielen Jahre,
man hebt mit Stolz und Dank sein Glas
– als ginge es um Glanz und nicht ums Wahre.

Ach, Freunde, schenkt mir Wahrheit ein!
Ich möchte nicht verdrängen und vergessen,
will nicht als Wirrer glücklich sein!
Mich nur zu feiern, wäre zu vermessen.

Dass manch Projekt misslungen ist,
gehört zu den Erfahrungen des Lebens,
um die ihr sicher ähnlich wisst.
So manches Ziel erstrebte ich vergebens.

Doch, Freunde, trauriger ist dies:
Ich habe Jahr um Jahr vor Gott gesündigt,
tat zu oft nicht, was er mich hieß,
und habe mich dadurch nur selbst entmündigt.

Viel blieb ich schuldig – sicherlich.
Verzeiht auch ihr mir, liebe Wegbegleiter!
Nur Gnade, Gnade brauche ich;
Erbarmen und Vergebung hilft mir weiter.

Geistheilung

Hält der Herr dir deine Wunden
Offen dass sie nicht gesunden
So versuche zu begreifen
Du sollst an den Wunden reifen

Dann hast du den Weg gefunden
Das was dich bisher gebunden
Endlich von dir abzustreifen
Statt darinnen zu versteifen

Ewigkeit bricht sich die Schneise
Heilen soll auf diese Weise
Deine eigne kranke Mitte
Dass dies werde darum bitte

Rückruf

Und du bist doch nicht losgelassen
Im Grau der Wege, die du gehst.
Du suchst das Glück für dich zu fassen,
Obwohl du nichts vom Glück verstehst.
Denk nur zurück an jene Zeiten,
In denen dir das Licht erschien!
Dies Licht will dich erneut begleiten,
Und längst schon zieht's dich zu ihm hin.
Versuche wieder zu begegnen
Dem Einen, der dich ewig liebt!
Lass dich erneut vom Worte segnen,
Und liebe ihn, der dir vergibt.

Besser

Besser eine Stunde mit der Bibel verbracht,
als digital zerstreut bei Tag und Nacht!
Lieber zehn Minuten im Gebet verharrt,
als sich blindlings in die Welt vernarrt!
Besser auf die Stimme des Herrn gehört,
als von den Stimmen all der Werber betört,
die im Namen von Technik und Wissenschaft
schwärmen von Beschleunigung und Kraft!
Lieber auf Gottes gute Zukunft vertraut,
als auf den Sand des Irdischen gebaut!
Besser auf die Weisheit im Geiste gesetzt,
als haschend nach Wind sich zu Tode gehetzt!

Gebet

Herr der Zeit und Ewigkeit,

mach für dich mich ganz bereit!

Bist mein Frieden, meine Ruh'

doch nur du,

nur du,

nur du!

Bedrängnis

Du bist so schön am Laufen
da stellt sich plötzlich Böses
dir mitten in den Weg

Du wolltest gar nicht kämpfen
nun brauchst du doppelt Kräfte
gering ist deine Chance

Schwer brauen sich die Wolken
schon krachen Blitz und Donner
was hilft dein kleiner Schirm

Und doch ist in dem Dunklen
ein Kraftquell der dich stützen
und der dich retten will

Nicht Angst soll dich besiegen
die Wirklichkeit ist größer
als dir dein Auge sagt

Inmitten der Bedrängnis
durch lauernde Gefahren
bist du doch nicht allein

Die Enge wird sich weiten
du bist geliebt auf immer
in allem Schmerz und Kreuz

Stürme

Stürme des Lebens bereiten mir Not,
doch sitze ich nicht alleine im Boot.
Herr, ich bin froh, dass ich weiß: Du bist da.
Mehr noch als ich bist du selber mir nah.

Sehe ich um mich und habe ich Angst,
dann fällt mir ein, dass du Glauben verlangst.
Dass deine Liebe mich einhüllt, ist gut.
Du schenkst mir Glauben, Vertrauen und Mut.

Bin ich bedrückt, ist es dir sofort kund.
Sprich nur ein Wort, und dein Knecht wird gesund.
Was mich betrübt, ist dann einerlei.
Still schweigt der See, und der Sturm ist vorbei …

Gewissheit

Wie gut, dass ich den Himmel spüre!
Ich bin zum Kind des Lichts berufen,
und freudig gehe ich die Stufen
durch Zwielicht hoch zur goldnen Türe.

Ich kenne Freud und Leid im Leben.
Wenn Kreuzeslast mich schmerzt, ich schwanke
doch nicht im Glauben, sondern danke
dem Herrn, der sich für mich gegeben.

Dass sich in mir kein Zweifel rege!
Der Teufel hat bei mir verloren.
Ich bin in Christus neu geboren,
und Engel bahnen meine Wege.

Führung

Komm, Herr, nimm meine Hände!
Du bist der Weg, mein Ziel.
Du sollst mich immer führen:
Das sei, Herr, unser deal.

Du meine wahre Heimat,
bei dir bin ich zu Haus.
Du bist die helle Türe,
da geh ich ein und aus.

Bei dir möcht' ich einsteigen
– mit dir in einem Boot,
du Sieger über Stürme
und über Angst und Tod!

Vergib mir jedes Zögern!
Du trägst all meine Schuld
und bleibst mir treu zur Seite
mit göttlicher Geduld.

Den engen Pfad zu gehen,
dazu machst du mir Mut.
Mein Kreuz lehrst du mich tragen.
Zum Schluss wird alles gut.

Lass mich dir stets nachfolgen
und hören auf dein Wort!
Den Himmel stets vor Augen,
bin ich einst mit dir dort.

Herz

Solang mein Herz schlägt
will ich nicht ruh'n
all das zu tun
was er mir aufträgt

In seinem Segen
geht's Schlag um Schlag
und Tag für Tag
nur ihm entgegen

Sterbend birgt sich meine Zeit
stets in seine Ewigkeit

Vergangenheit

Hoch schon türmen sich Vergangenheiten
Immer weiter bleiben sie zurück
Längst verklungen sind die Wirklichkeiten
Bilder – sie verblassen Stück um Stück

Ja sogar mein schönes herbes Heute
Und mein Morgen das mich schon beschwert
Werden des Vergehens fette Beute
Einst wohl kaum noch des Erinnerns wert

Wahre Gegenwart und Zukunft findet
Wer die ganze Welt- und Lebenszeit
In der Perspektive überwindet
Sie sei wahrhaft nur Vergangenheit

Gegenwart

Vorüber ist der Augenblick,
Nie kehrt die Gegenwart zurück.
Das aber bleibt vom Fluss der Zeit,
Was teilhat an der Ewigkeit.

Gott weiß um das Gewesene,
Bestimmt das Auserlesene
Und führt es zur Vollendung hin;
Auf sie zielt aller Zeiten Sinn.

HOFFEN

Zukunft

Wenn Gott nicht meine Zukunft wäre,

so wäre meine Gegenwart nichts wert.

Mein Leben wäre voller Leere,

Und selbst mein Sterben wäre sinnentleert.

Doch weiß ich meine Zeit gehalten

In dessen Händen, der die Zeiten trägt.

Drum soll mein Leben er gestalten,

Der meine Zukunft selber ist und prägt.

Wohlbehalten

O Herr, ich werfe mich in deine väterlichen Arme,

denn nur bei dir ist Heimat, Glück und Sinn.

Gib, dass dein Geist sich meines kleinen Geists erbarme,

weil anders ich doch nicht geborgen bin.

Ja, nimm mich, Herr, in deine mütterlichen Arme,

lass mich in deinen Händen wohlbehalten sein.

Ich brauche eine gute, liebe, lichte, warme

Behausung – fern von allem Schmerz und Pein.

Die ist auf dieser alten Erde nicht zu finden,

obwohl auch die ja letztlich dir gehört.

Wer wollte, Herr, Hinfälligkeiten überwinden,

wenn er nicht ganz auf deine Liebe schwört?

Klopfgeräusche

Wenn sanfte Regentropfen
ans dunkle Fenster klopfen
und kleine Gören
das gerne hören
dann hörst auch du
auf einmal zu

In deinem Herzen drinnen
beginnt ein tiefes Sinnen
sogar die Katze
hebt ihre Tatze
hoch an die Scheibe
ich selber reibe
ein Herz ins Feuchte
die schwache Leuchte
umkreisen Fliegen
das Buch bleibt liegen
Die Nacht umhüllt die Mauern
mit leisen Regenschauern

Es leuchten in der Ferne
nur ganz vereinzelt Sterne
Sie grüßen leise
von ihrer Reise
durch weite Räume
Des Weltalls Träume
berühren mich im Herzen
sein Klopfen macht nicht Schmerzen
es lässt mich daran denken
Gott will das Leben schenken
doch bringt der Tod
ins Leben Not
Auch er klopft an
du weißt nicht wann

Schön ist die Welt
bis sie zerfällt
dann wird der Himmel bleiben
und alle Nacht vertreiben

Leben

So stolz und schön das Leben
aus seinen Augen schaut,
es ist doch all sein Streben
auf lauter Sand gebaut.

Am Horizont stets warten
die Sorgen, Angst und Tod.
Der Paradiesesgarten
allein kennt keine Not.

Willst du dort Anker werfen,
wo Sinn auf Dauer wohnt,
musst du die Augen schärfen
für das, was wirklich lohnt.

Dann wird dein Sehnen greifen
nach der Hand, die dich hält,
wenn du einst wirst abstreifen,
was bindet an die Welt.

Tränensaat

Die mit Tränen säen
haben doch die Kraft zum Tun
durchaus Hoffnung auf Resultate
ja die sind immerhin
fruchtbar im Dasein

Die mit Tränen liegen
und nichts mehr vermögen
vielleicht nicht einmal zu beten
diese Letzten werden als Erste
mit Lachen ernten

wichtig

dein schmerz ist groß
und richtig wichtig
schlimm ist dein los
dein leben nichtig

doch du vergisst
das kreuz zu tragen
hat seine frist
drum nicht verzagen

und denk daran
er ist im kommen
der sprengt den bann
ist nah den frommen

drum sollst du froh
sein das ist wichtig
der rest ist so
doch richtig nichtig

Horizontüberschreitung

Von guten Mächten wunderbar getragen,
Von sanften Händen liebevoll umhüllt,
So leben wir in diesen bösen Tagen
Und sind von froher Zuversicht erfüllt.

Obschon die dunklen Schatten sich vermehren
Und trübe Angst in unser Leben schleicht,
Lasst betend uns den Herrn der Zukunft ehren,
Damit das Dumpfe aus den Herzen weicht.

Real ist das, woran die Menschen glauben;
Beschränkt ist oft der Sinn für Wirklichkeit.
Doch niemand soll uns das Vertrauen rauben,
Dass alles zielt auf heile Ewigkeit.

Wer nur den Mächten traut, die jetzt regieren,
Der hat sein Haus auf lauter Sand gebaut.
Doch niemand wird den innern Halt verlieren,
Wenn er in Gottes Geist nach vorne schaut.

Wie schwer sich auch die Zeiten noch gestalten,
Es gibt doch nichts, was unsre Hoffnung bricht.
Wir wissen uns von Liebeskraft gehalten
Und schreiten durch den Vorhang in ihr Licht.

Herr

Du bist, Herr, mein Gestern.
Darum darf, was war, nicht
deine Gnade lästern.

Du bist, Herr, mein Heute.
Darum braucht, was ist, nicht
Last mir sein noch Beute.

Du bist, Herr, mein Morgen.
Darum ist, was wird, nicht
Sache meiner Sorgen.

Du bist, Herr, mein Leben.
Darum soll, was stirbt, nicht
leiten mein Bestreben.

Ja

Sag Ja zu deinem mangelhaften Heute.
Nimm hin des Tages Gang und seine Last!
Was immer dich bedrückte oder freute,
Ist nichts, was du allein zu leben hast.

Sag Ja zu deinem mangelhaften Gestern.
Soviel hast du verschuldet und verfehlt;
Doch alle Schuld hat Christus dir vergeben.
Leb aus der Gnade, die allein noch zählt!

Sag Ja zu deinem mangelhaften Morgen.
Ertrage deine Angst in dieser Welt!
Versinke aber nicht in Zukunftssorgen:
Dein Herr hat dich auf festen Grund gestellt.

Sag Ja zu deinem mangelhaften Glauben.
Verzweifle nicht, wenn du noch Zweifel hegst!
Denn Gottes Geist, der größer als dein Herz ist,
Trägt alles mit, was du im Herzen trägst.

Geborgenheit

Im größten Sturm bin ich geborgen
und ohne Sorgen
geh ich ins Morgen

Denn über aller Stürme Toben
bin ich erhoben
durch Gottes Geist

An den der alle Wogen glättet
bin ich gekettet
und so gerettet

Er hat mich fest an sich gebunden
ich bin gefunden
von seinem Geist

Obgleich so mancher Böses brütet
und Böses wütet
bin ich behütet

Macht auch ein Unglück mich betroffen
darf ich doch hoffen
auf Gottes Geist

Weltaufgang

tanzende bäume
glitzern im atem
endloser liebe

strahlende Augen
finden einander
tief in den Seelen

duftende wege
spielen in bunten
mustern und tönen

läutende gipfel
schweben im lichtrausch
blühender täler

singende sonnen
laden zum baden
selige ohren

wissende menschen
loben und lachen
gegenwartstrunken

Wann

Wann
bricht jene Zukunft an
die kein Mensch je ersann
und kein Mensch bringen kann

Wann
kommt jene Zeit heran
erlöst vom Fluch und Bann
mit dem die Welt begann

Wann
beginnt die neue Zeit
genannt die Ewigkeit
zu der uns Gott befreit

Wann
beendet er das Leid
die Ungerechtigkeit
Not Krieg und allen Streit

Wann
wird endlich offenbar
und jedem Menschen klar
was wirklich ist und wahr

Wann
erfüllt sich wunderbar
was längst verheißen war
der glaubensfrohen Schar

Wann
wohl jener Tag anbricht
an dem im Weltgericht
der Herr das Urteil spricht

Dann
o Herr verwirf mich nicht
in deinem Angesicht
vollendet mich dein Licht

Ausblick

Die Jahre kommen und gehen

Jahrzehnte müssen verwehen

Der Sensenmann hat zu mähen

Doch Leben ist stetes Säen

Und ganz verborgen Entstehen

Für ewig währendes Sehen

Erlöster Fernen und Nähen

Vergänglichkeit wird vergehen

aufatmen

endlich aufatmen
frei sein
leben im licht
der himmel in sicht
die kette zerbricht

endlich durchatmen
froh sein
aufrechter gang
erfreuter gesang
der durchbruch gelang

endlich einatmen
hoffen
tod ausradiert
die schulden storniert
der teufel verliert

Hoffnung

Lass dich verändern durch den Glauben:
Wirst du Veränderung erlauben,
dann gibst du dich in Gottes Hände;
sein Geist schwebt über deiner Wende
und führt dich an ein gutes Ende.
Was will dir je die Hoffnung rauben?

Kannst du das Leben nicht genießen,
Lass dich deswegen nicht verdrießen!
Hoffst du auf Gott ganz unverdrossen,
Hast du die Hoffnung schon genossen;
Und ist die schwere Zeit verflossen,
Lebst du, wo keine Tränen fließen!

Die auf die Zukunft Gottes bauen,
Die werden sie dereinst auch schauen.
Wer leidend weiß den Herrn zu loben,
Der trägt schon jetzt das Haupt erhoben.
Hast du dein Herz im Himmel droben,
So prägt Dich mutiges Vertrauen.

Du sollst dir keine Sorgen machen
Um nicht veränderbare Sachen.
Das Leben, das aus Gottes Händen
Allein sich speist, wird niemals enden:
Es wird dir ewig Freude spenden
Und lässt dich bereits heute lachen.

Himmelwärts

Lang, lang schon führt mich meine Straße
durch Stadt und Land der Lebenszeit,
durch manches Tal, durch manche Gasse
– doch immer Richtung Ewigkeit.

Weit, weit schon hatte ich zu gehen,
manch engen Pfad und steilen Weg.
Nicht immer konnte ich weit sehen,
nicht immer fand ich einen Steg.

Hoch, hoch am Hoffnungshorizonte
winkt mir jedoch das große Ziel.
Drum lief ich tapfer, wie ich konnte,
ob ich schon strauchelte und fiel.

Hell, hell erstrahlt die Stadt der Liebe
mit Wohnungen für jeden Gast:
Dass jeder Mensch dort schließlich bliebe,
den Ratschluss hat Gott längst gefasst.

Tief, tief erfassen Glücksgefühle
mich auf der Wanderung ins Licht.
Wenn ich zu Fuß im Schlamm noch wühle,
vergisst mein Herz das Ziel doch nicht.

Fort, fort! Die Welt vergeht und schwindet.
Wer hier sich Obhut sucht, der irrt.
Doch wer den Weg zum Himmel findet,
erfährt, dass er gerettet wird.

Groß, groß ist das Geschenk von oben:
die Gnade, die mich Pilger hebt.
Dafür will ich Gott ewig loben!
Ich weiß, dass mein Erlöser lebt.

Gericht

Ein Tag wird der jüngste sein
In dem großen Weltgetöse
Herrlichkeiten stürzen ein
Und es fällt auch alles Böse

Ein Tag bringt das Endgericht
Jedes Leben wird gewogen
Vielerlei besteht dann nicht
Wird aus dem Verkehr gezogen

Ein Tag wird der letzte sein
Eine Stunde sich nicht runden
Geht der Körper sterbend ein
Wird der Geistesleib gesunden

Ein Tag wird der erste sein
Von unendlich schönen Zeiten
Was dann bleibt nach Schmerz und Pein
Sind erlöste Ewigkeiten

Ende

Du meine Seele fliege
In Gottes Reich empor
Erhebe dich und siege
Leg ab den Trauerflor
Lass hinter dir die Sorgen
Der alten toten Welt
Dir glüht der klare Morgen
Die Dunkelheit zerschellt

Mehr als du je erwartet
Erwartet dich am Ziel
Das neue Leben startet
Und bringt unendlich viel
Von Gottes Geist getragen
Wirst du in Ewigkeit
Zu Ende alle Plagen
Vergangen aller Streit

Vorbei das Weltgetriebe
Schon wird dir vieles klar
Tritt ein ins All der Liebe
Hier bleibst du immerdar
Schau wessen Hand dich halten
Und zu sich ziehen wird
Lass ihn dich neu gestalten
Es ist der Herr dein Hirt

Weitere Bücher von Werner Thiede

Evangelische Kirche – Schiff ohne Kompass? Impulse für eine neue Kursbestimmung, Darmstadt 2017

Digitaler Turmbau zu Babel. Der Technikwahn und seine Folgen, München 2015

Die Wahrheit ist exklusiv. Streitfragen des interreligiösen Dialogs, Gießen 2014

Die digitalisierte Freiheit. Morgenröte einer technokratischen Ersatzreligion, Berlin 2013

Mythos Mobilfunk. Kritik der strahlenden Vernunft, München 2012

Mystik im Christentum. Gestalten und Visionen, Frankfurt a.M. 2009

Theologie und Esoterik. Eine gegenseitige Herausforderung, Leipzig 2007

Der gekreuzigte Sinn. Eine trinitarische Theodizee, Gütersloh 2007 (Spanische Übersetzung: Salamanca 2008)

Wer ist der kosmische Christus? Karriere und Bedeutungswandel einer modernen Metapher, Göttingen 2001

Sektierertum – Unkraut unter dem Weizen? Gesammelte Aufsätze zur praktisch- und systematisch-theologischen Apologetik, Neukirchen-Vluyn 1999

Esoterik – die postreligiöse Dauerwelle. Theologische Betrachtungen und Analysen, Neukirchen-Vluyn 1995

Die mit dem Tod spielen. Okkultismus – Reinkarnation – Sterbeforschung, Gütersloh 1994

Scientology – Religion oder Geistesmagie? Neukirchen-Vluyn 1995[2]

Auferstehung der Toten – Hoffnung ohne Attraktivität? Grundstrukturen christlicher Heilserwartung und ihre verkannte religionspädagogische Relevanz, Göttingen 1991

Das verheißene Lachen. Humor in theologischer Perspektive, Göttingen 1986 (Übersetzung: Mailand/Turin 1989)

WWW.FREIMUND-VERLAG.DE